Daniel AKPO

AF570392

L'alliance Primitive

Kemi Seba, ce géant aux pieds d'argile

Éditions Muse

Imprint
Any brand names and product names mentioned in this book are subject to trademark, brand or patent protection and are trademarks or registered trademarks of their respective holders. The use of brand names, product names, common names, trade names, product descriptions etc. even without a particular marking in this work is in no way to be construed to mean that such names may be regarded as unrestricted in respect of trademark and brand protection legislation and could thus be used by anyone.

Cover image: www.ingimage.com

Publisher:
Éditions Muse
is a trademark of
Dodo Books Indian Ocean Ltd., member of the OmniScriptum S.R.L Publishing group
str. A.Russo 15, of. 61, Chisinau-2068, Republic of Moldova Europe
Printed at: see last page
ISBN: 978-3-639-63742-7

Copyright © Daniel AKPO
Copyright © 2022 Dodo Books Indian Ocean Ltd., member of the OmniScriptum S.R.L Publishing group

Daniel AKPO

L'alliance Primitive

Mahougnan Daniel

L'Alliance Primitive

TOME 2 :

Kemi Seba, ce géant aux pieds d'argile

Mahougnan Daniel

Vers la désaliénation de ces panafricanistes sacrifiés !

<< Heureux ceux qui ont traversé les Mystères,

Ils connaissent l'origine et la fin de la vie >>

Pindare

« Or, la Bible étant considérée comme l'histoire véritable du monde primitif, on rejeta le récit de Platon, comme étant un récit profane et païen. Seuls les adeptes aux initiations gnostiques et égyptiennes admettaient l'existence du continent disparu, mais gardaient cette tradition pour eux >>

Michel Manzi

« L'Atlantide, c'est peut-être un délire pour l'enseignement classique. Mais si l'Histoire n'est pas telle qu'on nous l'a enseignée, un progrès continu, alors, c'est leur vision du monde à eux qui devient un délire ! Et vraiment, à la lumière des découvertes sur la Grande Pyramide, les bases mêmes de l'Histoire officielle ont commencé à vaciller >>

William Fix

Introduction

Le Tome premier de l'Alliance Primitive a été une esquisse, un prélude plus ou moins détaillé de ce qui serait l'essence même de ce deuxième tome. Il a été question de briefer les points ultra-cruciaux de la question africaine et dont ces prétentieux panafricanistes ne font même pas attention. Le second tome s'érige par conséquent en complément.

L'allure vocationnelle de cette seconde partie va essentiellement sillonner deux chantiers. Primo, nous irons dénicher la source du racisme qui ronge la communauté noire quelle que soit sa situation géographique sur le globe. Secundo, il sera question de démontrer une fois encore et cette fois-ci avec plus de clarification et de limpidité à la race noire que son point de décadence, de décrépitude et d'enlisement, c'est son fétiche qu'elle chérit sans trêve.

Tout ceci dans un cadre d'éveil de la conscience de ces panafricanistes sacrifiés qui pensent que l'Afrique serait transfigurée par leur simple éloquence et leurs multiples sortis médiatiques sur ces chaînes qui sont en concurrence opportuniste de l'auditorat.

Aujourd'hui, vous voulez prouver au monde que vous êtes les condamnés de la terre. Vous voulez démontrer que Dieu vous a crées juste pour être un satellite au service de l'homme blanc. Vous voulez culpabiliser les autres races, les responsabiliser face à ce racisme que vous pensez pouvoir dater après la chute de la civilisation égyptienne. Détrompez-vous mes frères noirs.

Pouvez-vous imaginer un temps soit peu l'extrême fierté que dénotaient vos ancêtres quand ils atteignirent le pic, l'apogée de leur civilisation ? Pouvez-vous concevoir l'immensité de leur joie quand ils ne voulaient même plus entendre parler de l'essor d'une autre race à part le nègre ? Que disaient-ils du racisme quand ils se contentaient de dompter la race blanche ?

Maintenant que cette dernière tient le volant, on veut se victimiser devant toutes les entités de la terre. Criez de l'Europe en Afrique et de l'Afrique aux Antilles, ceci ne dit mot au planning de la Nature. Vous avez lu les mille et une pages de Nietzsche, vous avez lu René Guénon, étudié le contenu des chapitres de l'histoire générale de l'Afrique initiée par l'UNESCO...mais laissez-moi vous orienter vers les essentiels ouvrages pouvant vous clarifier la question africaine.

La Nature reste depuis là plus ou moins indifférente face à vos multiples assauts des chaînes télé.

Chapitre 1: La Science

-Tant que la Science pensera être la panacée de toutes les interrogations universelles, des problèmes importants resteront irrésolus.

-Tant que la Spiritualité sera laissée à la marge devant les grandes questions de l'humanité, aucune réponse foncièrement fiable ne résultera de cette outrecuidance et de ce pédantisme flagrant et manifeste du monde scientifique.

J'ai fouillé et trifouillé sur la question africaine, mais seul l'ésotérique, le spirituel m'a livré des réponses que depuis là la Science ignore.

-Tant que les données Universitaires resteront totalement plausibles dans l'opinion commune, la question raciale restera nouée.

La plupart des écrits qui m'ont fourni le nécessaire émanent d'ouvrages ésotériques. Mais de ces ouvrages l'Université ne veut pas entendre parler.

Rome a assassiné l'histoire universelle, la science est venue semer la confusion. Mais ceci ne nous pousserait pas à sous-estimer toutes les hypothèses voire synthèses de la Science. Le cas de Cheikh Anta Diop en est une évidence, un cas probant. Car des textes ésotériques ont corroboré unanimement avec Diop, le trait nègre des anciens Égyptiens. Il faut reconnaître ce lourd et intemporel travail de cette figure ayant parvenu à désaxer, déboussoler toute une panoplie de fausses données intentionnellement livrées à l'humanité par des égyptologues au service de Rome.

Regagnons le suivant point de la globalité des réalités historiques.

Chapitre 2: Généralité

Je disais déjà dans le tome premier que le problème que traverse la race noire ne résulte pas du hasard. Cette situation n'est que l'étape conséquente d'antécédents historiques. Édouard Schuré disait déjà dans son livre dédié au Sphinx que << *Rien ne se perd dans l'évolution terrestre, mais tout se transforme.* >>

La colonisation, la domination ne sont pas l'apanage de l'homme blanc. Et lui donc, sa domination est justifiée par d'importants faits historiques.

Des civilisations se sont succédé depuis les temps primitifs. Comme la Nature aime le changement, la diversité raciale serait un facteur sur lequel il fallait miser. Ainsi la civilisation n'est pas tombée du ciel ni pour l'Égypte ni pour l'Inde ni pour la Grèce.

<< Chaque continent a vu se générer progressivement une flore et une faune couronnées par une race humaine. Les continents sont nés successivement de telle sorte que celui qui contenait la race humaine qui devait succéder à celle existante, naissait au moment où cette dernière était en pleine civilisation. Plusieurs grandes civilisations se sont ainsi succédé sur notre planète. >>

Papus

Nous reviendrons un peu plus loin à ce passage de Papus dans toute sa plénitude.

Ces races dans leur succession, opérait ces transitions, ces transferts de civilisation au terme des conflits, des guerres, d'invasions...

Fabre d'Olivet n'en dit pas moins : << *On a vu comment la guerre, toujours inévitable entre les Races, parce que toutes les Races tendent toutes à la domination et à l'envahissement de la terre...* >>

Plusieurs filets de la civilisation grecque datent de notre Égypte antique. C'est vrai. Les afro-centristes se cramponnent sur ce point pour considérer matrice sans précédent des grandes civilisations, le continent africain. Voilà votre antidote : les anciens Égyptiens sont légataires, héritiers d'une lumière provenant de l'Atlantide. Avant de surclasser les Atlantes sur le chemin civilisationnel, les égyptiens sont initiés par ces derniers.

<< Elle (Atlantide) a civilisé sans doute les Noirs, mais cela par l'intermédiaire de ses colonies africaines. >>

De surcroit, l'auteur affirme plus loin que : *<< D'ailleurs la grande pyramide et le grand Sphinx ont été construits par les Atlantes. >>*

Michel Manzi

Chapitre 3:

La chaîne civilisationnelle

<< L'origine ne pouvait aboutir qu'à la destruction pour recommencer une nouvelle origine sous une autre forme afin de montrer et démontrer que l'Éternité n'appartient qu'à Dieu. >>

Albert Slosman

<< Oh, l'époque des Titans, l'époque où coulaient les fleuves de lait et de miel. >>

Samael Aun Weor

L'Immuable qui transcende tous les âges, la Toute-Puissance inégalée qui fulgure au dessus des siècles, la Sagesse Omnisciente qui supplante toute existence !!! Elle doit rester au-delà de notre entendement afin de prouver incommensurablement qu'Il est l'Increé et l'Infini.

Pour ce faire, toutes ses créatures doivent subir la muabilité. Un début et une fin. C'est ce qui doit distinguer l'Increé du créé.

Comme l'exception n'est pas admise, les peuples de la terre ont aussi chacun une enfance, une maturité et une vieillesse comme l'a bien souligné Michel Manzi dans un passage que nous verrons plus loin.

Sans me laisser envahir par la circonlocution et quelques aspects superfétatoires, faisons de manière synoptique le chemin. Je ne suis pas décidé à raconter l'histoire, mais à attirer l'attention de ces panafricanistes sacrifiés sur un pan de l'histoire qu'ils ignorent complètement. Et ceci va leur coûter très cher.

Depuis la création du monde, plusieurs surfaces de terre ont émergé et ont servi d'emplacements à différentes races humaines. Démarrons par une vue générale sur les liens entre l'Atlantide et l'Égypte. Et n'oubliez pas que bien avant ces deux entités, il y eu d'abord la Lémurie, mais je la suppose en attendant moins importante dans mon exposé. Plusieurs auteurs ayant déjà traité ces aspects de l'histoire, je m'en vais juste mettre en exergue quelques points afférents à ces sociétés organisées d'antan. Je laisse en bibliographie les livres utiles pour approfondir le sujet.

L'Atlantide a marqué l'histoire par la magie qu'elle a su manier au service de ses besoins civilisationnels et pour sa maturité spirituelle. Les hommes de peau rouge ont été l'espèce typique de sa couche humaine. Ces hommes sont appelés les Géants ou les Titans. Ils ont eu le privilège d'être des demi-dieux. Ils avaient ainsi atteint un niveau de civilisation qui depuis là, n'a pas d'égal.

Le Maître **Samael Aun Weor** nous livre quelques aspects :

<<La civilisation atlante n'a toujours pas été surpassée par notre civilisation moderne tant vantée.

Les Atlantes connaissaient eux aussi l'énergie atomique, et ils l'utilisèrent en temps de paix comme en temps de guerre.

La science atlante eut l'immense avantage d'être unie à la magie ; on y fabriqua des robots extraordinaires, contrôlés par un certain type d'élémentaux supérieurs. Ces robots, ainsi dotés d'intelligence, ressemblaient à des êtres humains et ils servaient fidèlement leurs maîtres.

N'importe quel robot pouvait informer son propriétaire des périls qui le guettaient et, en général, l'informer sur de multiples aspects de la vie pratique.

Les Atlantes avaient des machines extraordinaires et merveilleuses, comme celle qui pouvait transmettre par télépathie de précieuses informations intellectuelles au mental de tout être humain.

Les lampes atomiques éclairaient les palais et les temples aux murs transparents.

Les vaisseaux maritimes et aériens du vieux continent submergé étaient mus par l'énergie nucléaire.

Les Atlantes apprirent à soustraire les corps à la gravité, et ce à volonté. À l'aide d'un petit appareil qui tenait dans la paume de la main, ils pouvaient faire léviter n'importe quel corps, aussi pesant fut-il. >>

Notre maturité (toutes les races confondues) dans beaucoup de domaines est favorisée par des antécédents atlantes. Michel Manzi disait déjà que la Science vient de l'Atlantide.

Eu égard à sa puissance pendant ce temps, matérielle comme spirituelle, l'Atlantide va se lancer dans la conquête d'autres contrées de la terre. Un peu partout sur la planète terre, elle a eu plusieurs colonies. Ses colonies sont en ce temps des contrées majoritairement habitées par des noires et en minorité des jaunes. Ces dernières races étaient encore à leur enfance. Et comme elle était à son pic civilisationnel, elle s'engagea à les déniaiser. C'est ce que Manzi approuvent quand il affirme qu' << *Ils (les Atlantes) essayèrent de répandre leur morale parmi les Noirs et les Jaunes, encore à l'état sauvage. Ils cherchèrent à les tirer de leur barbarie.* >>

Cet auteur poursuit son exposé et souligne la reconnaissance qu'exprimaient alors les Noirs égyptiens : << *D'autre part, les égyptiens racontaient que la base de leur religion était cette fameuse Table d'Émeraude, où des sages atlantes avaient condensé toute la vérité d'alors.* >>

N'oubliez pas que dans l'antiquité, la civilisation est intrinsèquement liée à la religion, vu que ces peuples étaient fort métaphysiques.

Un fait curieux opposa finalement l'Égypte à son « Mentor ». La magie noire, subversive qu'elle soit, a commencé à saper les bases de la magie blanche en Atlantide. L'Égypte ayant été une colonie fidèle et gardienne d'une magie blanche qu'elle a su se fidéliser, se retrouve ainsi dans le collimateur des magiciens noirs atlantes. Comme conséquence, la guerre se déclara entre le colonisateur et sa colonie. Je vous laisse en compagnie de Manzi et Jolibois.

<< *Mais comme, loin de se remettre, l'état politique de l'Atlantide ne faisait qu'empirer, la colonie égyptienne se sépara il y a 200.000 ans de la métropole et prit le nom d'empire d'Égypte. Alors il y eut des lois en Atlantide pour défendre aux habitants du continent d'émigrer en Égypte. On déclara la guerre à la colonie. Mais celle-ci, forte et puissante, sut résister et conserver son indépendance.* >>

Michel Manzi

<< *Dans les monuments de l'Égypte et de la Nubie, les Atlantes, sous le nom de Phot, sont représentés comme une des nations les plus hostiles à l'Égypte, et comme ses ennemis les plus acharnés.* >>

Jolibois Jean-François

Avant de tourner vers l'Égypte et la Grèce, retenons ici trois importants faits : Colonisation, Civilisation et Attaque.

Aujourd'hui, tous les Africains crient et veulent faire entendre à qui veut l'entendre que la Grèce et l'Europe d'une manière générale, sont civilisées par les Africains. Leurs connaissances sont filles de l'Égypte antique.

Pour récapituler leur revendication, j'ai figé un passage des « Stromates » de Clément d'Alexandrie : *<< S'il fallait que je cite ici tous les plagiats et tout le savoir que les Grecs ont emprunté aux Égyptiens, tout le contenu de ce livre ne suffirait pas pour écrire les noms de leurs auteurs ! >>*

Tout ce que je voudrais dire ici aux panafricanistes et surtout aux afro-centristes, c'est qu'ils sachent que la civilisation n'est pas descendue du Ciel pour l'Égypte comme je l'ai souligné au début de cet ouvrage. La civilisation depuis la nuit des temps progresse en changeant de peuple et ainsi de contrée. Dîtes également à ceux qui veulent l'entendre que votre fameuse et si célèbre Égypte a reçu sa sagesse des Atlantes. C'est cette sagesse elle a finalement approfondie et densifiée. Elle a reçu, elle doit donner. La Nature n'est pas naïve comme vous le pensez.

Pour fermer ce chapitre, je vous laisse ce passage de Michel Manzi en guise de soutien et en même temps de déniaisement.

<< L'Égypte, fille préférée des Rouges (Atlantes), a été notre initiatrice. Les Grecs sont ses fils, les Hébreux sa propre chair et l'Inde a été son tabernacle où réfugiée son âme, lorsque les envahisseurs noirs (magiciens noirs) ont voulu l'étouffer. C'est d'Égypte que nous sont venus les fleurs du bien et du mal, les arbres de vie, les arbres de science. Elle a nourri Moïse et Orphée. Et ses disciples ont été Ram, Fohi, Krishna, Zoroastre, Platon, Pythagore, Jésus. Tous ont été les initiés de ses temples, qui contenaient, cachée sous un triple voile, Isis, la vertu, la déesse mystérieuse des Atlantes. >>

Chapitre 4:

L'apogée des Noirs

<< Au temps de leur souveraineté, les Noirs eurent des centres religieux en Haute-Égypte et en Inde. Leurs villes cyclopéennes crénelaient les montagnes de l'Afrique, au Caucase et de l'Asie centrale. Leur organisation sociale consistait en une théocratie absolue. >>

Édouard Schuré

Parlons à présent de l'apogée de la civilisation des Noirs et l'influence de ces derniers. Les Noirs ont succédé à la race rouge sur le sentier de la civilisation.

À proprement parler de la lumière de la race noire, il faut remonter dans l'Égypte antique. Ça me fait mal quand on parle d'un peuple Noir avancé en se cramponnant exclusivement sur les empires et royaumes d'après Jésus-Christ. Allons au-delà de Danhomey, survolons les empires du Ghana, Sosso, Mali et Songhaï, etc…

Remontons dans les âges, remontons en Égypte ancienne où la civilisation des Noirs est restée dans sa plus haute pureté et sa plus lumineuse fulgurance. Dépassons Béhanzin, Samory Touré… Laissons Soundjata Kéita, Soumangourou Kanté, Mansa Moussa, Sonni Ali Ber… à leur place. Tout ce que vous appelez civilisations chez ces derniers ne sont que résidus d'une antique Intelligence ayant produit des Sages et fait des réalisations très avancées et très raffinées.

Oh mon Dieu ! Projette-moi dans le symbolisme ultra-sacré du mystérieux et énigmatique Sphinx.

<< La race noire qui succéda à la race rouge australe dans la domination du monde fit de la Haute-Égypte son principal sanctuaire>> nous notifie Édouard Schuré.

Deux points ressortent pour étude de cette affirmation.

D'une part, il est bien marqué que la race noire a suivi celle rouge dans **la domination du monde**. Les Atlantes sont parvenus à une haute civilisation et ont démontré leur suprématie sur les autres races de l'époque. Après eux, les Noirs ont pris le volant de primauté et d'influence sur toutes les races confondues.

Retenez là d'abord que le Blanc n'est pas le premier devant cette quête « mégalomanique » dont vous voulez le responsabiliser à travers les siècles.

D'autre part, le Noir fit de la **Haute-Égypte son principal sanctuaire**. Que ces panafricanistes sacrifiés sachent qu'on ne peut étudier ni vanter les exploits de la race noire en évitant ou en écartant son principal sanctuaire. Vos prétendues civilisations d'après Jésus-Christ ne sont que des phénomènes « annexes » si je peux m'exprimer ainsi, du principal sanctuaire.

Par ailleurs, les égyptologues qui veulent forcément démarquer l'Égypte antique de la race noire ont également ici de quoi se faire honte. La mauvaise foi doit s'arrêter là.

Et comme si ce passage d'Édouard Schuré était lacunaire selon mes envies, j'adjoins un autre de notre célèbre Antoine Fabre d'Olivet : *<< Dans ce temps-là, la Race noire... existait dans toute la pompe de l'état social.*

*Elle couvrait l'**Afrique entière** de nations puissantes émanées d'elle, possédait l'Arabie, et avait poussé ses colonies sur toutes les côtes méridionales de l'Asie, et très avant dans l'intérieur des terres. Une infinité de monuments qui porte le caractère africain, existent encore de nos jours dans tous ces parages, et attestent la grandeur des peuples auxquels ils avaient appartenu. Les énormes constructions de Mahabalipouram, les cavernes d'Ellora, les temples d'Isthakar, les remparts du Caucase, les pyramides de Memphis, les excavations de Thèbes en Égypte, et beaucoup d'autres ouvrages, que l'imagination étonnée attribue à des Géants, prouvent la longue existence de la Race noire et les immenses progrès qu'elle avait fait dans les arts. >>*

Tout est clair et évident. Je m'en vais pourtant dire à l'écrivain ivoirien Thibeaud OBOU qu'il avait raison quand il soulignait que les Noirs ont habité l'Asie avant les Blancs. Diop aussi avait soutenu que le Moyen-Orient a été habité par des Noirs.

Mais une anecdote : l'humanité n'est pas née en Afrique. C'est une aberration, une ineptie du monde scientifique.

Chapitre 5:

Le déclin des Noirs

<< Cependant, comme les sages doivent tout prévoir, il est une chose qu'il faut que vous sachiez : un temps viendra où il semblera que les Égyptiens ont en vain observé le culte des Dieux avec tant de piété, et que toutes leurs saintes invocations ont été stériles et inexaucées. La divinité quittera la terre et remontera au ciel, abandonnant l'Égypte, son antique séjour, et la laissant veuve de religion, privée de la présence des Dieux.....

O Égypte, Égypte ! Il ne restera de tes religions que de vagues récits que la postérité ne croira plus, des mots gravés sur la pierre et racontant ta piété. >>

Hermès Trismégiste

Comme ce fut le cas de l'Atlantide, la civilisation Noire doit également péricliter pour qu'enfin l'Éternité soit exclusivement pour le Très-Haut. Elle doit impérativement un jour décliner pour que le Plus Infini soit l'apanage de la Toute-Puissance Créatrice.

Selon mes recherches, trois essentielles raisons sous-tendent cette décadence de la civilisation africaine. Dans le premier tome, j'avais juste évoqué l'apostasie. Maintenant j'en rajoute deux.

a- L'apostasie

<< Tu pleures, Ô Asclépios ! Il y aura des choses plus tristes encore. L'Égypte elle-même tombera dans l'apostasie, le pire des maux. Elle, autrefois la terre sainte, aimée des Dieux pour sa dévotion à leur culte ; elle sera la perversion des saints, l'école de l'impiété, le modèle de toutes les violences. >>

Hermès Trismégiste

En guise de reconnaissance et de gratitude envers le Très-Haut pour sa Lumière déversée sur la terre des Pharaons, l'homme noir n'a trouvé autre chose que de tourner dos à la Sagesse Céleste. L'Énergie la plus pure est bafouée au gré de l'idolâtrie.

Avec une allure effrénée, l'attrayante cité égyptienne s'enlisa dans l'idolâtrie. Une pratique qui s'érige en opposée à la lumière des prescriptions d'Hermès le Trois Fois Grand.

<< Après avoir été – à l'origine – de simples symboles de la divinité, ces symboles en devinrent l'essence. Ils furent adorés pour eux-mêmes et pris comme divinités à la place de Dieu. >>

Gérard Coudougnan

<< Là d'ailleurs est l'origine de cette fameuse idolâtrie, que l'on s'est reproché aux Égyptiens. D'abord représentation symbolique, ces animaux, devinrent par la suite à leur tour des dieux. >>

Michel Manzi

Une fois que les ténèbres ont pris le dessus, alors comme action conséquente, le vase d'Hermès ne serait évidemment plus viabilisé. Sa vertu régénératrice ne serait plus priorisée.

Malheur à celui qui renverse la coupe d'Hermès !

Malheur à celui qui répand son énergie la plus vitale !

Isis s'est sentie profanée !

Trismégiste le Dieu Thot s'est senti trahi !

Le Grand Sphinx s'est vu émaillé de sacrilèges !

La Pyramide de Khephren a perdu son symbolisme sacrée !

Noé ne sait plus où accoster l'arche qui a survécut aux flots !

b- Le Karma

La deuxième raison selon maintenant mes analyses, la race noire doit payer « collectivement » le tort qu'elle avait causé aux autres races.

Rien ne se perd dans la nature, et rien ne naît du hasard. Notre race avait comprimé, contrarié et esclavagisé la race blanche. Elle a semé la terreur de l'Occident en Orient. Elle doit répondre devant le tribunal de la mère Nature. Les

Maîtres du Karma doivent la laisser subir avec « complaisance » ce qu'elle avait infligé à une race humaine comme elle. Elle a pensé détenir le sceptre de domination durant tous les siècles, mais la voilà supplantée, dominée et surclassée sur la voie de la civilisation. Penserait-elle un jour que ces moments seraient arrivés ? Joie et tristesse, la vie est ainsi faite. Qui tue par épée périt indubitablement par épée. Je m'arrête là.

c- <u>Transfert de civilisation</u>

La troisième raison avec laquelle je pense justifier ce déclin, c'est le changement de main de la civilisation. Comme je l'ai dit plus haut, la Nature aime le changement. Et les races se relaient sur le chemin de la civilisation. Il est donc temps que la race blanche, longtemps réduite, fasse le boom illuminateur.

Je vous laisse ce passage écrit par Papus.

<< Chaque continent a vu se générer progressivement une flore et une faune couronnées par une race humaine. Les continents sont nés successivement de telle sorte que celui qui contenait la race humaine qui devait succéder à celle existante, naissait au moment où cette dernière était en pleine civilisation. Plusieurs grandes civilisations se sont ainsi succédé sur notre planète dans l'ordre suivant :

1° La civilisation colossale de l'Atlantide, civilisation créée par la Race Rouge, évoluée d'un continent aujourd'hui disparu, qui s'étendait à la place de l'océan Pacifique, suivant les uns, à la place de l'océan Atlantique suivant les autres ;

2° Au moment où la Race Rouge était en pleine civilisation, naissait un continent nouveau qui constitue l'Afrique d'aujourd'hui, générant, comme terme ultime d'évolution, la Race Noire. Quand le cataclysme qui engloutit l'Atlantide se produisit, cataclysme désigné par toutes les religions sous le nom de Déluge universel, la civilisation passa rapidement aux mains de la Race Noire, à qui les quelques survivants de la Race Rouge transmirent leurs principaux secrets.

3° Enfin, alors que les Noirs furent eux-mêmes arrivés à l'apogée de leur civilisation, naquit avec un nouveau continent (Europe-Asie) la Race Blanche, à qui devait passer postérieurement la suprématie sur la planète.

Les données que nous venons de résumer là ne sont pas nouvelles. Ceux qui savent lire ésotériquement le Sépher de Moïse en trouveront la clef dans les premiers mots du livre....

De plus, certains problèmes encore obscurs de la théorie de l'évolution, entre autres celui de la diversité des couleurs de la Race Humaine, trouvent là de précieuses données encore inconnues de nos jours de la Science officielle.

C'est donc de la Race Rouge que vient originairement la tradition et, si l'on veut bien se souvenir qu'Adam veut dire terre rouge, on comprendra pourquoi les Kabbalistes font venir leur science d'Adam lui-même.

Cette tradition eut donc comme sièges principaux de transmission L'Atlantide, l'Afrique, l'Asie et enfin l'Europe. L'Océanie et l'Amérique sont des vestiges de l'Atlantide. >>

Il est donc évident que cette troisième raison ne peut être mise en doute.

Maintenant, parmi ces trois raisons (l'apostasie, le Karma, et le transfert de civilisation), il doit avoir une qui serait cause première des deux autres. Mais cette synthèse est restée compréhensible pour les Initiés de la Haute Spiritualité. Le plan de Dieu, c'est du mystère. C'est pourquoi heureux sont ceux qui évoluent selon la volonté du Très-Haut.

Chapitre 6:

Le cas Noir et Blanc

[[Les Noirs avaient appelé ce continent qu'ils avaient vu naître île par île : << la terre émergée des flots >>. Comme elle contrastait avec leur sol blanc, brûlé du soleil, cette Europe aux côtes vertes, aux baies humides et profondes, avec ses fleuves rêveurs, ses lacs sombres et ses brumes éternellement accrochées aux flancs de ses montagnes]].

Édouard Schuré

Les lamentations continues, les soupçons anarchiques, la victimisation en randonnée........ C'en est trop !

Le sens humanitaire dont vous faites toujours appel, vos ancêtres l'exprimaient ainsi quand ils se complaisaient à comprimer les autres races ? Je laisse la question en stand-by.

Comme nous l'avons vu dans le précédent chapitre, notre race désignée de couleur Noire avait atteint le pinacle de sa civilisation et par conséquent sa domination sur les autres peuples. Pendant ces temps, la race blanche était encore à son enfance et errait çà et là.

Démarrons avec Fabre d'Olivet : << *À cette époque, ... la Race Blanche était encore faible, sauvage, sans lois, sans arts, sans culture d'aucune espèce, dénuée de souvenirs, et trop dépourvue d'entendement pour concevoir même une espérance. Elle habitait les environs du pôle boréal, d'où elle avait tiré son origine. La Race Noire, plus ancienne qu'elle, dominait alors sur la terre, et y tenait le sceptre de la science et du pouvoir.* >>

Là où ça commence à choquer est quand l'auteur commence à enlever certains voiles : *<< elle (la race noire) a étendu ensuite son empire sur la terre entière et sur la Race Blanche elle-même... >>*

Mais comment cet « empire » dont parle Antoine d'Olivet a été établi par nos ancêtres sur la Race Blanche ?

Si je veux ici feindre de l'expliquer, c'est également faire semblant de ne pas plagier ces deux auteurs que je m'en vais enchaîner. Bonne lecture !

<< Mais la race blanche n'en était qu'à son enfance violente et folle. Passionnée dans la sphère animique, elle devait traverser bien d'autres et de plus sanglantes crises. Elle venait d'être réveillée par les attaques de la race noire qui commençait à l'envahir par le sud de l'Europe. Lutte inégale au début.

Les Blancs à demi sauvages, sortant de leurs forêts et de leurs habitations lacustres, n'avaient d'autre ressource que leurs arcs, leurs lances et leurs flèches aux pointes de pierre. Les Noirs avaient des armes de fer, des armures d'airains toutes les ressources d'une civilisation industrieuse et leurs cités cyclopéennes. Écrasés au premier choc, les Blancs, emmenés en captivité, commencèrent par devenir en masse les esclaves des Noirs qui les forcèrent à travailler la pierre et à porter le minerai dans leurs fours. >>

Édouard Schuré

<< Or, la Race sudéenne, très puissante et très répandue en Afrique et dans le midi de l'Asie, ne connaissait qu'imparfaitement encore les contrées septentrionales de cette partie du monde, et n'avait de l'Europe qu'une très vague idée. L'opinion générale était sans doute que cette vaste étendue, occupée par des terres stériles et frappées d'un hiver éternel, devait être inhabitable. L'opinion contraire eut lieu en Europe, à l'égard de l'Afrique, lorsque la Race boréenne parvenue à un certain degré de civilisation commença à avoir une science géographique. Quoi qu'il en soit, le nord de l'Asie et l'Europe vinrent à être connus des Sudéens...

Les hommes blancs aperçurent pour la première fois, à la lueur de leurs forêts incendiées, des hommes d'une couleur différente de la leur. Mais cette différence ne les frappa pas seule. Ces hommes couverts d'habits extraordinaires, de cuirasses resplendissantes maniaient avec adresse des armes redoutables, inconnues dans ces régions. Ils avaient une cavalerie nombreuse ; ils combattaient sur des chars, et jusque sur des tours formidables, qui, s'avançant comme des colosses, lançaient la mort de tous les côtés. Le premier mouvement fut pour la stupeur. Quelques femmes blanches dont ces étrangers s'emparèrent et dont ils cherchèrent à capter la bienveillance, ne furent pas difficiles à séduire. Elles étaient trop malheureuses dans leur propre patrie pour en avoir nourri l'amour. De retour dans leurs tanières, elles montrèrent les colliers brillants, les étoffes délicates et agréablement nuancées qu'elles avaient reçus. Il n'en fallut pas davantage pour monter la tête de toutes les autres. Un grand nombre profitant des ombres de la nuit, s'enfuit, et alla rejoindre les nouveaux venus. Les pères, les maris, n'écoutant que leur ressentiment, saisirent leurs faibles armes, et s'avancèrent pour réclamer leurs filles ou leurs épouses. On avait prévu leur mouvement ; on les attendait. Le combat engagé, l'issue n'en fut pas douteuse. Plusieurs furent tués, un plus grand nombre demeura prisonnier ; le reste prit la fuite.

L'alarme gagnant de proche en proche, se répandit en peu de temps dans la Race boréenne. Les peuplades en grandes masses s'assemblèrent, délibérèrent sur ce qu'il y avait à faire, sans avoir prévu d'avance qu'elles délibéreraient, ni su ce que c'était qu'une délibération. Le péril commun éveilla la Volonté générale. Cette volonté se manifesta, et le décret qu'elle porta prit encore la forme d'un plébiscite ; mais son exécution ne fut plus aussi facile qu'elle l'avait été autrefois. Elle n'agissait plus sur elle-même. Le peuple assemblé le sentit, et vit bien que l'intention de faire la guerre ne suffisait pas, et qu'il serait indubitablement vaincu, s'il ne trouvait pas des moyens de la diriger. Là-dessus, un homme que la Nature avait doué d'une grande taille et d'une force extraordinaire, s'avança au milieu de l'assemblée, et déclara qu'il se chargeait d'indiquer ces moyens. Son aspect imposant, son assurance, électrisèrent l'assemblée. Un cri général s'éleva en sa faveur. Il fut proclamé le Herman ou Gherman, c'est-à-dire le chef des hommes. Tel fut le premier chef militaire...

Il partageait irrésistiblement le peuple en deux classes : celle des forts et celle des faibles : celle des forts, appelée à combattre, et celle des faibles, réservée pour nourrir et servir les combattants. Cet état de guerre, qui, par sa longue durée, devait devenir l'état habituel de la Race boréenne, consolida ces deux classes, et en rendit, par la suite des temps, la démarcation fixe et les emplois héréditaires.

De là naquirent ait sein de cette même Race, la noblesse et la roture avec tous leurs privilégiés et tous leurs attributs ; et lorsque après avoir été longtemps asservie ou comprimée, cette même Race prit enfin le dessus sur la Race sudéenne, et qu'elle en subjugua les diverses nations, elle y consigna encore l'existence de ces deux classes, dans les titres de Boréens et d'hyperboréens, ou de Barons et de Hauts-Barons, que s'attribuèrent les vainqueurs, devenus maîtres souverains, ou féodaux...

Mais tandis que la Race boréenne s'était ainsi préparée au combat, le combat avait continué. Les Sudéens profitant de leurs avantages, s'étaient avancés dans l'intérieur du pays. La flamme et le fer leur ouvraient des routes à travers des forêts jusqu'alors impraticables. Ils franchissaient les fleuves avec facilité, au moyen de ponts de bateaux qu'ils savaient construire. À mesure qu'ils avançaient, ils devenaient des forts inaccessibles. Les Boréens malgré leur nombre et leur valeur, ne pouvaient point tenir la campagne devant ces redoutables ennemis, trop au-dessus d'eux par leur discipline, leur tactique, et la différence des armes. S'ils essayaient de tomber sur eux à l'improviste, ou de les surprendre à la faveur des ombres de la nuit, ils les trouvaient renfermés dans des camps fortifiés. Tout trahissait cette Race infortunée, et semblait la conduire à sa perte absolue. Les femmes même des Boréens les abandonnaient pour leurs vainqueurs. Les premières qui s'étaient livrées, ayant appris l'idiome des Sudéens, leur servaient de guides, et leur montraient les retraites les plus cachées de leurs pères et de leurs époux. Ces malheureux, surpris, enveloppés de toutes parts, coupés, jetés avec adresse sur le bord des fleuves, ou acculés contre les montagnes, étaient obligés de se rendre ou de mourir de misère.

Ceux qui étaient faits prisonniers dans les combats, ou qui se rendaient, pour éviter la mort, subissaient l'esclavage.

Cependant les Africains, déjà maîtres d'une grande partie du pays, en avaient fait explorer les richesses naturelles par leurs savants. On y avait découvert en abondance des mines de cuivre, d'étain, de plomb, de mercure, et surtout de fer, que sa grande utilité rendait si précieux à ces peuples. On avait trouvé des forêts immenses, riches en bois de construction. Les plaines offraient aux agriculteurs qui voudraient les défricher, l'espoir de récoltes magnifiques en blé. Des rivières en grand nombre présentaient sur leurs rives de gras pâturages, susceptibles de recevoir et de nourrir une quantité considérable de bestiaux. Ces nouvelles, apportées en Afrique et en Asie, attiraient une foule de colons.

On commença par exploiter les mines. Les misérables Boréens qu'on avait pris, et qu'on prenait tous les jours, furent livrés à des maîtres avides, qui les employèrent à ce rude travail. Ils n'étaient pas inhabiles à creuser grossièrement la terre. On leur apprit à le faire avec méthode, en se servant d'instruments appropriés. Ils pénétrèrent dans les entrailles des montagnes, ils en tirèrent en grandes muasses le minerai du cuivre, du fer, et des autres métaux. Ils furent obligés de les travailler et de les fondre. Ensevelis vivants dans des gouffres méphitiques, attachés à des roues, forcés d'entretenir des feux énormes, et de battre sur l'enclume des masses ardentes, combien de peines n'eurent-ils pas à supporter !

D'autres, pendant ce temps, traînaient la charrue et arrosaient de leur sueur des sillons dont les vainqueurs devaient recueillir les moissons. Les femmes même ne furent pas épargnées. Après que la victoire fut décidée, et qu'on n'eut plus besoin de leurs secours, on ne les traita guère mieux que leurs maris. On les vendit comme esclaves, et, pêle-mêle avec les hommes, on les fit passer en Afrique, où, tandis qu'on les employait aux travaux les plus vils on spéculait sur leur postérité…

Ce qui sauva la Race blanche d'une destruction totale, ce fut la facilité qu'elle eut de fuir ses vainqueurs après qu'elle eut reconnu l'impossibilité de leur résister. Les débris des diverses peuplades, recueillis par les Hermans, qui depuis leur création n'avaient pas cessé de se renouveler, se réfugièrent dans le nord de l'Europe et de l'Asie ; et, parvenus dans ces immenses régions qui leur avait servi de berceau, s'y firent un rempart des glaces que la longueur des hivers y amoncelle. Leurs oppresseurs tâchèrent d'abord de les y poursuivre ; mais, après plusieurs tentatives infructueuses, ils en furent repoussés par l'âpreté du climat.

Cependant une guerre implacable continua entre les deux Races : du côté des vainqueurs, on voulait faire des esclaves pour exploiter les mines et cultiver les terres ; du côté des vaincus, on voulait tirer d'abord vengeance des maux qu'on avait soufferts, et qu'on souffrait encore, et ensuite s'approprier ce qu'on pouvait ravir des biens des Sudéens. Il y avait parmi ces biens, outre les bestiaux et ce qui servait directement à la subsistance, une foule d'objets dont les Boréens avaient reconnu la grande utilité, et nommément les armes de cuivre et de fer, et les instruments de toutes sortes, fabriqués de ces deux métaux.

Souvent, au moment où l'on s'y attendait le moins, un déluge de Boréens inondait les établissements de leurs ennemis ; tout ce qui pouvait être enlevé l'était ; ce qui ne pouvait pas l'être était dévasté. C'était ordinairement au cœur de l'hiver, et tandis qu'une voûte de glace couvrait les fleuves et les lacs, que ces incursions avaient lieu. Toutes les précautions des Africains devenaient inutiles contre la première violence du torrent : moins habitués aux rigueurs du climat, ils ne pouvaient quitter aussi facilement leurs remparts : les campagnes sans défenses devenaient la proie de leurs anciens possesseurs. Les Boréens tombaient bien dans quelques embuscades, ils laissaient bien quelques morts et quelques prisonniers ; mais ce qu'ils emportaient les dédommageait toujours au-delà de leurs pertes ; en s'emparant de certaines mines, de certaines forges, ils délivrèrent souvent un grand nombre de leurs compatriotes, et emmenèrent avec eux plusieurs habiles ouvriers des Sudéens. Le parti qu'ils surent tirer de ces captures fut un événement dont les suites devinrent d'une incalculable importance : un de leurs Hermans, qui peut-être avait été esclave chez les ennemis, leur persuada d'appliquer leurs prisonniers aux mêmes travaux, afin de se procurer des armes égales en suffisante quantité. Leurs essais en ce genre furent d'abord assez grossiers, mais enfin ils connurent l'art de fondre le cuivre et le fer, et ce fut un pas énorme qu'ils firent. Leurs lances, leurs flèches, leurs haches, quoique mal taillées et mal trempées, n'en devinrent pas moins redoutables en des mains aussi robustes que les leurs...

Lorsque la saison devenait moins rigoureuse, les Sudéens reprenaient bien l'offensive ; mais c'est en vain que, pendant six ou huit mois de l'année, ils couvraient la campagne de leurs armées ; les Boréens, habiles à les éviter, se repliaient dans les vastes solitudes du nord de l'Asie, et semblaient disparaître à leurs regards. Aux premières approches de l'hiver, au moment où les frimas obligeaient leurs ennemis à la retraite, on les voyait de nouveau sortir de leurs asiles, et recommencer leurs déprédations.

Cet état hostile, qui dura sans doute longtemps, eut un résultat inévitable, celui de développer dans l'âme des Boréens la valeur guerrière, en changeant en passion permanente l'instinct du courage qu'ils avaient reçu de la nature. Instruits par leurs nombreuses défaites, ils apprirent de leurs ennemis même l'art de les combattre avec moins de désavantage. Heureusement dégagés de tous préjugés, sans autre opiniâtreté que celle de la résistance, ils changèrent facilement leur mauvaise tactique en une meilleure, et ne gardèrent pas leurs armes grossières et peu dangereuses, quand ils eurent trouvé l'occasion de s'en procurer de plus redoutables. Au bout de quelques siècles, ces hommes que les superbes habitants de l'Afrique et de l'Asie regardaient comme de méprisables sauvages, dont la vie était à leur merci, devinrent des guerriers dont on ne pouvait plus, comme autrefois, dédaigner les attaques... >>

Fabre d'Olivet

NB : - l'auteur appelle la Race Noire « sudéenne » car il a déjà expliqué qu'elle vient de la ligne équatoriale.

- La Race Blanche « boréenne » car elle est née dans la sphère du boréal.

Voilà condensée l'histoire qu'ignore intentionnellement la science officielle.

Et si ces panafricanistes sacrifiés allaient jeter un coup d'œil à ces ouvrages plus sauveteurs que les livres de science-fiction ? On préfère sombrer dans les romans et les préconisations inhumaines de Nietzsche que de chercher opiniâtrement à dévoiler les mystères autour de la question africaine.

Retrouvons à nouveau Édouard Schuré, cet auteur tant apprécié voire adulé par l'occultiste Rudolf Steiner.

<< Les prêtres de la Race Blanche nordique apprirent l'écriture des prêtres noirs et commencèrent par écrire comme eux. Mais lorsque le sentiment de leur origine se fut développé en eux avec la conscience nationale et l'orgueil de la race, ils inventèrent des signes à eux, et au lieu de se tourner vers le Sud, vers le pays des Noirs, ils firent face au Nord....en continuant à écrire vers l'orient. Leurs caractères coururent alors de gauche à droite. >>

<< Cependant des captifs échappés rapportèrent dans leur patrie les usages, les arts et des fragments de science de leurs vainqueurs. Ils apprirent des Noirs deux choses capitales : la fonte des métaux et l'écriture sacrée.......

Le métal fondu et forgé, c'était l'instrument de la guerre ; l'écriture sacrée fut l'origine de la science et de la religion. La lutte entre la race blanche et la race noire oscilla pendant de longs siècles des Pyrénées au Caucase et du Caucase à l'Himalaya. Le salut des Blancs, ce furent leurs forêts, où comme des fauves ils pouvaient se cacher pour en rebondir au moment propice.

Enhardis, aguerris, mieux armés de siècle en siècle, ils prirent enfin leur revanche, renversèrent les cités des Noirs, les chassèrent des côtes de l'Europe et envahirent à leur tour le nord de l'Afrique et le centre de l'Asie occupé par des peuplades mélaniennes. >>

Ils savent dorénavant pourquoi le nord de l'Afrique a été nettoyé des Nègres et encore une fois, que l'homme noir a précédé l'homme blanc sur la terre asiatique.

Relisez vos copies pour repérer les éventuelles fautes à corriger. Grimpez jusqu'au sommet de la Tour Eiffel, allez porter plainte au Conseil de Sécurité, demandez des dons financiers pour pouvoir amplifier l'achat de mégaphones, accentuez les marches populaires, écrivez plus de livres anti-occidentaux pour davantage culpabiliser les blancs, pour que votre cri de cœur soit écouté, criez de plus en plus pour que l'esclavage des Noirs soit reconnu comme un crime contre l'humanité.

Et quand c'était un esclavage anti-blanc, c'était un crime contre l'eau ? Le feu ? Ou contre des arbres ? Rangez-vous maintenant dans vos coquilles. Vous récoltez ce que les ancêtres ont semé, donc que le goût soit super ou infect, le vin est déjà tiré, il faut le boire.

Ils ne sont pas fous pour vous accepter dans les grandes instances de décisions internationales. Ils ont l'histoire par cœur. Votre temps est déjà passé. Je disais déjà dans mon livre « Mise au point stratégique et prospective de la diplomatie africaine » que la probabilité est ultra-faible que l'Afrique ait un droit de véto à l'ONU.

D'ailleurs, je vais vous demander si les Blancs allaient représenter le diable en bleu s'ils savent que leur ennemi numéro un sur terre est la Race Noire ? Vos ancêtres ont coupé toutes les retraites de ces pauvres Blancs, leurs femmes ont été captivées et arrachées à leurs maris par les vôtres, ils ont été l'objet de souffrance la plus cruelle sur votre terre, leurs ressources ont été prospectées et pillées par vos pères. Et vous voulez qu'ils vous tressent des lauriers ? Qu'ils vous fassent des apologies ? Même quand tu frappes un petit enfant, il t'insulte car tu entraves l'envergure de sa liberté. Maintenant vous avez fait des morts parmi les leurs, vous avez orchestré la plus extrême terreur dans leur contrée, alors attendez-vous à toutes les illustrations adéquates à vos caractères inhumains.

Fermons cette parenthèse avec Édouard Schuré : *<< Les Noirs envahirent le sud de l'Europe en des temps préhistoriques et, en furent refoulés par les Blancs. Leur souvenir s'est complètement effacé de nos traditions populaires. Ils y ont cependant laissé deux empreintes ineffaçables : l'horreur du dragon qui fut l'emblème de leurs rois et l'idée que le diable est noir. Les Noirs rendirent l'insulte à la race rivale en faisant leur diable blanc >>.*

Voilà le jeu. Et comme le Blanc a finalement prit et figé la domination, c'est sa conception du Noir qui doit transcender les années.

Ce chapitre prend ainsi fin. Retenez qu'après tous les changements orchestrés, c'est la Race Blanche qui a maintenant le sceptre du pouvoir et de domination. Vous l'avez certainement remarqué dans le passage de Papus dressé dans un précédent chapitre.

Maintenant à Édouard Schuré le micro : *<< Dans les cycles précédents, la race rouge et la race noire ont régné successivement par de puissantes civilisations....*

Dans notre cycle, c'est la race blanche qui domine... >>

Chapitre 7:

Désapprobation de l'allure politique actuelle du panafricanisme.

Pour parvenir à réussir l'objectif de ce chapitre, nous allons maintenant dénicher les inédits de la cité politique. Nous allons désillusionner ces panafricanistes chauves qui pensent que la sensibilité peut être un corrélat direct de la politique. Plongeons de plein pied dans les mailles du monde politique. Laissez-moi vous civiliser sur ce chemin.

Vous avez besoin de lumière pour vous démarquer de cet optimisme naïf. C'est une grave incirconspection analytique et extrême naïveté de chercher à corréler l'idéal du pouvoir et le domaine purement politique.

Permettez-moi de mettre mon caractère idéaliste de côté afin de mieux vous disséquer la vie politique.

Vous criez partout, vous tirez à boulets rouges sur les dirigeants. C'est vraiment une grande ignorance. C'est négliger, c'est faire litière des réalités du pouvoir politique.

Quelle autre conséquence que celle-ci voulez-vous, lorsque vous aviez laissé supplanter la théocratie originelle ? Mobilisez plus de jeunes que ça, et entrez dans les palais présidentiels. Pour l'homme politique digne de nom, vous ne faites que prêcher dans le désert.

Pour vous amener à voir plus clair, je vais tâcher de subdiviser cette partie en a et b.

a- Le typiquement politique

Primo, sachez que le domaine politique est réservé aux âmes équanimes, courageuses, intrépides et munies d'une terrible résilience. Les âmes trop humanistes et sensibles sont donc priées de rester dans leur nid. Parce qu'elles seront faibles devant le soulèvement populaire. Elles seront apeurées face aux opposants politiques les plus farouches. Elles n'auront pas le courage ni la force nécessaire pour espionner et piéger leurs concurrents.

L'esprit sentimentaliste ne pourra pas incarcérer injustement un opposant en guise d'aplanissement de son sentier politique. C'est le pourquoi ces esprits sont exhortés à se garder de frôler les lisières du monde politique.

Si telle est donc la condition requise pour se faire homme politique, pensez-vous que les cris et agitations de ces panafricanistes sacrifiés peuvent parvenir à désaxer les convictions foncières d'un homme politique ? Absurdité ! Stérilité ! Quand il est parfois épris d'une infime compassion face aux dégâts de vos soulèvements, vous pensez l'avoir considérablement impacté. Leurre !

Secundo, j'ai assisté récemment à un procès que j'ai traité de « mascarade politico-juridique » sous ma peau d'idéaliste. Je disais déjà à mes aînés en Faculté de Droit que ces opposants seraient inévitablement condamnés. Parmi ces opposants il y a un dont je disais que son irruption sur la scène politique n'est pas préméditée. Il a instrumentalisé son influence et sa réputation universitaire pour penser conquérir facilement les honneurs du pouvoir politique. Il a très mal étudié le terrain. Il a minimisé la force de frappe de celui avec qui il veut initier ce rude et féroce challenge propre au milieu politique. Il a pensé miser sur le soutien de la population. Ignorant ainsi que derrière ces apparences démocratiques se cache une réalité digne d'un couvent. Je parie qu'il n'avait pas eu des conseillers politiques chevronnés, sinon les circonspections ne lui auraient pas faussé compagnie.

Je vais dire quelque chose qui va étonner, mais c'est la réalité. Plusieurs ont accusé la mouvance après le verdict. Sans mentir il s'agit d'une exclusion, mais la mouvance n'a pas tort. Car, en Sciences Politiques, Machiavel préconisait déjà au Prince de chercher à régner et se pérenniser par tous les moyens. Alors il se révèle être un devoir pour le pouvoir en place d'éliminer, d'épuiser ou d'isoler les potentiels et les réels challengers.

Sous votre permission chers panafricanistes sacrifiés, veuillez bien vouloir lire « Le Prince » de Nicolas Machiavel. René Guénon seul ne suffit pas.

Tertio, vous parlez de grâce présidentielle pour les « détenus politiques » en Afrique. Laissez-moi vous dire ceci, cette grâce est généralement disponible sous quatre conditions :

1- Soit le Ténor de la mouvance ne veut plus briguer un autre mandat ;
2- Soit c'est un nouveau pouvoir qui veut faire table rase avec les agissements du régime défunt ;

3- Soit c'est le détenu qui envoie une missive au chef pour implorer sa « clémence ». Dans cette missive très confidentielle, il doit rassurer le destinataire qu'il ne le dérangera plus dans ses ambitions politiques. Même si cette assurance, cet engagement serait peut-être plus tard un leurre, il doit le souligner d'abord. Et si le chef juge bon le faire, il cède mais avec qui-vive.
4- Soit la mouvance est convaincue d'avoir déjà maîtrisé le « potentiel offensif » du détenu. Là il est gracié et la population pense borner la causalité à son soulèvement.

Alors ne pensez pas que la grâce présidentielle serait une compassion naïve surtout envers les détenus politiques.

D'ailleurs vous pensez que c'est seulement au christianisme que Nietzsche disait que compatir c'est perdre de sa force. Une compassion non préméditée foncièrement, serait laisser libre cours à ses concurrents pour la conquête du pouvoir. Restez chez vous avec cet idéalisme naïf.

Quarto, comment voulez-vous que le Prince parvienne à leurrer le peuple avec ses discours, à voiler ses agissements nocifs, à gagner la confiance populaire par la dénaturation de ses actions suspectes, s'il laisse libres de paroles ces journalistes éloquents et très loquaces le dévoiler ? Les détracteurs et les journalistes non-alignés sont aussi des obstacles à esquiver sur son sentier politique.

Quinto, la séparation des pouvoirs, oui et alors ? Sachez que même aux États-Unis, la Cour Suprême et le Congrès sont influencés par la Maison Blanche.

Que voulez-vous que le Prince devienne, si la Justice innocente un opposant que lui, il voulait éviter coûte que coûte ? Le mieux c'est de laisser l'émotivité et le sentimental de côté, dérouter la Justice afin de se libérer de ses ennemis politiques. C'est pourquoi quand ces aînés en Faculté de Droit disaient qu'ils attendent que le droit soit dit avant de débattre avec moi, j'affirmai ceci : juridictions de fait ou juridictions de droit, nous sommes là. Et évidemment ils sont restés muets. Je me demande si le droit n'est pas dit depuis là.

Vos ambitions optimistes, vos désirs naïfs vous occultent la bataille réelle que se livrent les acteurs politiques. Ce n'est pour rien que les chrétiens et certaines personnes se déclarent apolitiques et ne veulent même pas commenter un fait politique. Parce que la morale que ces derniers veulent qu'on respecte par cœur, est totalement aux antipodes des réalités politiques. J'ai fini mon cours.

Avant de rejoindre l'autre subdivision de ce chapitre, je tiens à rappeler aux détenteurs des pouvoirs politiques de chaque pays qu'au-delà de leurs conseillers politiques et des théories de Machiavel, existe la « Loi du Karma ». Elle est inévitable, incontournable et terriblement implacable.

b- L'occurrence africaine

<< *Le deuxième de ces livres prescrivait aux rois les règles qu'ils étaient obligés de suivre aussi bien dans leur vie privée que dans l'exercice de l'autorité suprême. Dix autres traitaient de l'ordre sacerdotal,* ***du gouvernement de l'État et de l'administration de la cité*** *; ils renfermaient les règles fondamentales des lois civiles et criminelles, et étaient appelés sacerdotaux par excellence...*

Les préceptes formulés par Thot étaient pour eux (législateurs et magistrats égyptiens) la règle souveraine de leur conscience, l'ordre inflexible à suivre dans toutes leurs décisions.....

Cette législation puissante et vivace qui, pendant plus de quinze siècles, fit de l'Égypte un objet d'admiration pour tous les peuples de l'antiquité.... >>

J.-J. Thonissen

Quittons le typique de la politique pour nous appesantir sur la réalité africaine.

Les anciens dirigeants égyptiens savent et craignent la présence d'une transcendance qui leur demandera de compte. C'est pourquoi ils restreignaient leur propre liberté d'action, car c'est la Divinité Céleste qui agit à travers eux. Aujourd'hui, nos présidents ignorent décidément l'existence d'une telle divinité.

Comme si la législation céleste ne leur suffisait plus et n'était pas capable d'une meilleure administration sociale, pourquoi criez-vous maintenant, les descendants ? Vous devez normalement accepter la direction actuelle de vos États, car vos pères ont piétiné les préceptes du Trismégiste.

Si vous pensez que la Nature est naïve, alors je veux poser de questions.

- Pourquoi l'Afrique s'attache tant aux mesures machiavéliques que l'Europe d'où vient Machiavel lui-même ?

- Pourquoi l'Europe au moins qui vous a légué la démocratie, cette Europe que vous traitez d' « avide dominateur », a des dirigeants plus sobres que les vôtres ?

Sans langue de bois, vous allez remarquer que c'est en Afrique que les dirigeants sont les plus sanguinaires. Ce n'est pas du hasard, vos pères ont résilié l'alliance avec Dieu. Or sur ces questions, il n'y a pas de demi-mesure. C'est Dieu ou Satan. Je n'ai rien dit.

Vous avez à faire maintenant avec le grand générateur d'hypocrisie, de ruse, d'inhumanité, d'apathie, de la boulimie du pouvoir, des guerres sans fondements, des assassinats, du sadisme, de cruauté et d'asservissement.

Vous devez repenser à l'alliance originelle. Sinon vos cris n'atteindront ni ne frôleront même pas la destination escomptée.

Kemi Seba peut devenir Président d'État et constituer son gouvernement de panafricanistes les plus influents et les plus convaincus. Tant que la Nature ne cédera pas, ce régime n'impactera pas comme le prévoient aujourd'hui mes fameux panafricanistes. Soit il sera dégagé par d'autres opposants sciemment suscités par la mère Nature.

Que ceux qui ont les oreilles pour entendre entendent et que ceux qui ont l'intelligence pour comprendre comprennent. Déporter IBK manu militari, crier sur Patrice Talon, traiter Alassane Ouattara de bandit, prendre Macron pour un voyou, voilà des jeux d'enfants auxquels jouent ces prétendus futurs réformateurs. La Nature a besoin de ces dirigeants pour vous demander tacitement de choisir entre la direction Céleste et celle de Rome. Je le répète, la Nature n'est ni inerte ni folle comme vous le pensez.

Loin de rougir les yeux, le mieux serait de chercher à étudier la véracité ou la « plausibilité » du contenu de mes écrits. L'Afrique a besoin d'introspection.

Chapitre 8:

Désapprobation de l'aspect culturo-religieux du panafricanisme

<< Il est bien tard, dira-t-on, de venir, après plus de deux mille ans, prétendre montrer clairement dans des auteurs, ce que personne n'y a vu, ce qui a échappé à tant d'hommes incomparablement plus éclairés ; de venir, en un mot, renverser tout ce qu'on est en possession de croire et de dire...>>

Pierre Guérin Durocher

<< Sera blanche, la magie dont le but sera moral et évolutif non seulement pour l'individu, mais encore pour la collectivité. Sera noire, la magie dont le but sera oppressif, immoral et dont la résultante ne servira qu'à satisfaire l'égoïsme du magiste et ses passions. >>

Michel Manzi

J'ai traité le cas religieux plus ou moins considérablement dans le tome premier. Il a été question essentiellement du Monothéisme des anciens Égyptiens dont nous sommes la descendance. La religion première de nos anciens Égyptiens a été purement monothéiste. Ce rite exclusivement, leur avait permis d'instituer, d'ériger cette civilisation dont les vestiges continuent de fasciner toute la terre. Selon certains, le mot « Monothéisme » peut aussi mettre en jeu une quelconque divinité à part le Dieu Increé. Alors j'ai décidé d'ajouter dans ce second tome des compléments plus clairs et plus illustratifs de mes intentions.

Même si l'on admet le « Monothéisme » tel que ces personnes le conçoivent en leur faveur, Haïti n'a-t-il pas des divinités qui ne sont pas au Bénin et vice versa ? Même quand nous prenons le Bénin seul, est-il monothéiste ? Où les Fon ont une multitude de divinités ? Et les Adja, l'ethnie réputée dans le maniement de l'énergie oppressive ? J'en passe.

Embarquons lentement mais avec sûreté dans l'essence de la vraie piété de nos ancêtres de l'Égypte antique.

a- Gérard Coudougnan

<<L'Égyptien craint Dieu. Les anciens Égyptiens croyaient à l'existence d'une divinité unique, dominant leurs actions, leurs pensées et leur demandant des comptes. C'est pourquoi ils craignaient sa punition et ils la suppliaient de toujours les guider dans la bonne voie. >>

b- Ernest Bosc

<< ...mais la religion égyptienne est, dans son ésotérisme, un ***monothéisme pur*** *se manifestant, dans son exotérisme, par un* ***polythéisme symbolique.*** *>>*

Ceci rappelle à tous que la multitude des dieux du panthéon égyptien n'affecte pas la pureté monothéiste de ma belle Égypte. Donc loin de cet empire, les pratiques idolâtres.

c- Clément d'Alexandrie

<< Et non seulement on peut les convaincre (les Grecs) d'avoir pris cette partie de leurs dogmes, de ceux qu'ils appellent barbares ; mais encore d'avoir contrefait ce que ***la puissance divine a miraculeusement opérée en notre faveur par le ministère de ses saints****, et d'en avoir fait les prodiges de leur mythologie grecque. >>*

d- Albert Slosman

<< Ce serait le meilleur moyen de s'échapper de ce goulet d'où n'a encore jailli qu'une affabulation mythologique hellénisée, faisant peu de cas de cette ***intelligence antique transmise par Dieu à sa progéniture élue****, et qui fut capable d'édifier ces monuments prodigieux qui défient le temps et notre imagination, tout autant que nos consciences. >>*

e- Michel Manzi

<< ...Car la tradition nous apprend qu'en Égypte et que dans l'Inde, il n'avait point, avant l'arrivée du Boréen Ram, de culte des ancêtres. >>

NB : Le Boréen Ram ici est celui qui conduisit la race boréenne (blanche). Le culte des ancêtres a été apporté par lui, mais dans une période où l'Égypte elle, entama déjà sa dégénérescence. Ici, l'affirmation est de Michel Manzi, mais ceux qui veulent approfondir la question sur là où est née le culte des ancêtres, sans doute chez les blancs, qu'ils consultent « Les grands initiés » écrit par Édouard Schuré et « L'histoire philosophique du genre humain » écrit par Antoine Fabre d'Olivet.

Que l'africain actuel sache qu'il déshonore et trahit la mémoire de son ascendant d'Égypte quand il pense adorer les ancêtres. C'est être en complet déphasage avec la religion de ses ancêtres égyptiens. La vérité est amère, mais le temps est venu pour qu'elle soit dite.

f- William Scott-Elliot

[[La dégradation morale du peuple et la pratique de la « magie noire » s'étendaient de plus en plus (en Atlantide). La Loge blanche exigeait un entourage plus pur. Or, l'Égypte se trouvait être alors une terre isolée, très peu peuplée ; c'est pour cette raison qu'elle fut choisie.

La Loge des Initiés put ainsi poursuivre ses travaux.....

Il y a deux cent mille ans environ, lorsque le temps en fut reconnu favorable, la Loge occulte fonda un empire sur lequel régna la première « Dynastie divine » de l'Égypte et commença d'instruire le peuple]].

g- Samael Aun Weor

<< Moi, Aun Weor, très antique hiérophante des mystères égyptiens, j'accuse cette noire institution devant le verdict de la conscience publique, pour le délit d'abus de confiance. J'accuse cette noire institution de nous attribuer à nous les anciens Égyptiens, des rituels de magie noire que nous, en Égypte, n'avons jamais utilisés. >>

NB :

1- Quand l'auteur parle de noire institution, il fait référence à l'AMORC de Californie, qui était aux antipodes de ses enseignements.

2- Étant Colombien de naissance, l'auteur affirme pourtant : « nous les anciens Égyptiens ». C'est parce que l'âme qui s'est incarnée en lui avait vécu dans une autre incarnation sur la terre très antique de l'Égypte. C'est pourquoi il notifie dans son livre « Pour le petit nombre » ce qui suit : il y a 4.000 ans, je naquis sur la terre des Pharaons.
Étant un haut Initié, ceci n'est pas du mystère pour lui.

Aujourd'hui c'est la magie noire qui a pris corps au sein du monde africain. Et tous ces panafricanistes sacrifiés salissent d'affilée la pure Sagesse antique. Tu les vois avec des « Ankh » au cou, alors que cette croix ne rime pas, foncièrement parlant, avec leur fétichisme qu'ils vivifient partout.

Nous allons voir enfin si ces divinités dégénérées que pères et enfants chérissent aujourd'hui en Afrique, sont dignes d'intervenir dans cette quête de connexion aux origines.

h- <u>Michel Manzi</u>

<< Enfin, nous ne connaissons du passé que la période de décadence, en un mot, celle qui est la plus proche de nous. Nous oublions trop que tout peuple ici-bas a une enfance, une maturité et une vieillesse. Et l'idée que nous nous faisons d'un peuple mort porte trop l'empreinte de sa période de décrépitude. Nous nous plaisons plutôt à analyser les tares, les superstitions, et cela dans un sentiment d'orgueil et de vanité intellectuelle.

C'est ce qui s'est passé pour les Atlantes : certains les ont prétendus fétichistes, d'une mentalité à peine supérieure à celle des Cafres. Mais n'a-t-on pas prétendu que les Égyptiens n'avaient adoré que les animaux ? Injure singulière pour un peuple essentiellement métaphysique ! Il y avait bien en effet, en Égypte, un culte idolâtre, mais ce culte n'a existé qu'à la période de déliquescence, où l'intelligence dégénérée, confondant les symboles, hantée de sadisme, s'est mise à divaguer. >>

La question à se poser est celle-ci : si l'idolâtrie n'a existé en Égypte qu'à la période où l'intelligence a dégénéré, qu'était-il alors de la période où l'intelligence battait son plein ?

Une réponse de bonne foi à cette question désaxe et déséquilibre d'emblée ce système de vénération des idoles sous lequel l'africain d'aujourd'hui se complaît.

C'est pour nos pères, le vodou date de nos aïeux !

Quels aïeux ? Profanation ! Sacrilège !

Si à cause de vos fétiches chéris, vous voulez limiter votre ascendance sur les rois d'Afrique subsaharienne, alors brûlez les ouvrages de Cheikh Anta Diop, ignorez les écrits d'Hérodote sur l'Égypte, ternissez la réputation de Philippe Omotunde, enlevez et jetez à jamais vos « Ankh ».

Mais si vous êtes convaincus de la véracité du caractère nègre des anciens Égyptiens, alors vous avez tiré dans le vide avec vos fétiches. Vous vivez, vous vous complaisez et vous prônez l'intelligence la plus dégénérée, vous êtes dans une randonnée d'errance, vous êtes perdus, la lumière vous a faussé compagnie, la décadence est votre préférée, la déliquescence est votre adorée, votre quotient civilisationnel est en état de fulgurant délabrement, Babylone vous a traqués, enlevés et vous êtes en captivité, Rome vous a inoculé les B.A.-BA de sa puissance, vous êtes déroutés, vous avez préféré sombrer dans les ténèbres, vous êtes des prisonniers, des condamnés satisfaits.

Oh ! Quelle hauteur ces activistes sacrifiés pensent-ils conquérir avec cette involution, cette rétrogradation ? Vous êtes des damnés.

Vous pensez que c'est avec cette intelligence foncièrement altérée et purement dissolue que vos ancêtres ont fait de l'Égypte un objet d'admiration ? Et si c'est avec les idoles, alors pourquoi malgré leur présence, vous n'êtes plus capables de construire ne serait-ce qu'une seule pyramide avec ses qualités les plus métaphysiques ? Vos ancêtres avaient des objets d'une civilisation industrieuse, et vous, où en êtes-vous ? Les idoles sont toujours là n'est-ce pas ?

Koovi crie partout, Kemi Seba détient le sceptre de l'éloquence en Afrique, Nathalie Yamb fait mouvoir les bâtiments de Sotchi, Konaré stigmatise la France, Franklin Nyamsi Wa Kamerum pense que la critique est l'alternative... C'en est trop !

Le plus tôt nécessaire, c'est de faire un parcours rétrospectif sur l'alliance primitive. Les paradigmes occidentaux et les idoles ne sont pas viables pour votre transfiguration.

Loin de se sentir embêtés ou stigmatisés, préférez plutôt chercher à savoir si ce que j'avance vaut vraiment la peine d'être étudié et réétudié.

L'homme Noir a besoin de nouveau, une solide union avec le Ciel, voilà l'ultime et l'exclusive alternative pour que l'Afrique reprenne son essence.

Conclusion

S'achève ainsi avec endurance et vivacité le second Tome de **L'Alliance Primitive**. Mais je ne saurais conclure adéquatement une suite qui dépend d'un sujet primaire dont je me suis engagé à traiter tous les aspects nécessaires.

Comme l'a bien souligné Pierre Guérin Durocher, il est vraiment étonnant de voir aujourd'hui qu'une nouvelle plume est venue déconstruire tout ce qu'on est en possession de croire, de dire et de prôner. Les fameux panafricanistes ont longtemps pensé trouver une meilleure réponse synthétique à cette question raciale et religieuse. Et combien de fois seraient-ils donc choqués après découverte du contenu substantiel de cet ouvrage qui loin de semer la confusion, déniche et dresse une évidence radicale longtemps asphyxiée ?

A vrai dire, cette prétendue issue tant exaltée et d'affilée conseillée par le panafricanisme n'est qu'une illusion séculaire et millénaire qui a laissé toute une Race dans une complexité obsessionnelle et une maille léthargique apparemment inextricable.

L'Afrique libre ou la mort, oui ; mais vous avez ignoramment choisi les axes stratégiques de cet activisme qui exhorte nuit et jour au pragmatisme.

yes

I **want** morebooks!

Buy your books fast and straightforward online - at one of world's fastest growing online book stores! Environmentally sound due to Print-on-Demand technologies.

Buy your books online at
www.morebooks.shop

Achetez vos livres en ligne, vite et bien, sur l'une des librairies en ligne les plus performantes au monde!
En protégeant nos ressources et notre environnement grâce à l'impression à la demande.

La librairie en ligne pour acheter plus vite
www.morebooks.shop

KS OmniScriptum Publishing
Brivibas gatve 197
LV-1039 Riga, Latvia
Telefax: +371 686 204 55

info@omniscriptum.com
www.omniscriptum.com

Printed by Books on Demand GmbH, Norderstedt / Germany